सृजन के बीज

सृजन के बीज

डॉ. रमेश पोखरियाल 'निशंक'

प्रभात
प्रकाशन

प्रकाशक • **प्रभात प्रकाशन प्रा. लि.**
4/19 आसफ अली रोड,
नई दिल्ली-110002

संस्करण • 2020
मूल्य • तीन सौ रुपए
मुद्रक • आर-टेक ऑफसेट प्रिंटर्स, दिल्ली

SRIJAN KE BEEJ
poems by Shri. Ramesh Pokhriyal 'Nishank' ₹ 300.00
Published by Prabhat Prakashan Pvt. Ltd., 4/19 Asaf Ali Road, New Delhi-2
e-mail: prabhatbooks@gmail.com ISBN 978-93-90101-46-7

डॉ. 'निशंक' का चिरंतन-चिंतन

यशस्वी शब्दसाधक डॉ. रमेश पोखरियाल 'निशंक' के चिरंतन-चिंतक व्यक्तित्व की अक्षय प्रतीक 'सृजन के बीज' की ये कविताएँ निश्चय ही 'सृजन की चेतना' से अनुप्राणित हैं। मुझे तो यह कविता-संग्रह वस्तुतः कवि डॉ. 'निशंक' के इंद्रधनुषी जीवनानुभवों का प्यारा-सा गुलदस्ता लगा है, जिसमें हर्ष-विषाद, आशा-निराशा और सत्य-असत्य के शाश्वत झूले से झूलते हृदय की सजीव और सृजनात्मक झाँकियाँ आपको अनायास मोहित कर लेंगी।

कवि डॉ. रमेश पोखरियाल 'निशंक' भारतीयता के ऐसे सबल पक्षधर रहे हैं, जिनके काव्य-चिंतन की आधार भूमि रही है 'आत्मविश्वास' और इसी अजेय एवं दृढ़तम आत्मविश्वास को डॉ. 'निशंक' ने 'सृजन के बीज' की इस छोटी सी कविता के माध्यम से जीवंत कर दिया है—

"अपने को
कम नहीं आँको,
अपनी बातों को
केवल
आसमान पर मत टाँको,

तुम अपना मूल्य
समझो
और करो विश्वास
कि तुम
संसार के सबसे महत्त्वपूर्ण
व्यक्ति हो!
तुम ही
सृष्टि की अद्‌भुत देन
और तुम्हीं
समष्टि हो!''

वस्तुतः कविता मानव-हृदय की एक जीवंत दशा है, जिसे आचार्यों ने 'मानवीय चेतना के संकल्पनात्मक अनुभूति' माना है।

'सृजन के बीज' कविता-संग्रह की कविताएँ इस कसौटी पर पूर्णतः खरी उतरती हैं। डॉ. 'निशंक' को मैंने सदैव उदात्त-चिंतन और मानवीय संवेदनाओं के प्रति पूर्णतः समर्पित रचनाकार तथा समाज के उच्चतर जीवन-मूल्यों के पक्षधर के रूप में देखा है। इस कविता-संग्रह में भी उनका यही उदात्त-चिंतन यत्र-तत्र मुखर हुआ है।

मैंने डॉ. रमेश पोखरियाल 'निशंक' की बहुविध साहित्य-सर्जना को निरंतर गहराई से देखा और परखा है, अतः मैं अधिकारपूर्वक कह सकता हूँ कि डॉ. 'निशंक' की कविताएँ उनके कर्मशील और पारदर्शी जीवन का निर्मल दर्पण हैं। यही अटूट और बेजोड़ कर्मशीलता उनकी शक्ति बनी है। यहाँ मैं इस कविता-संग्रह की कविता 'भीगा हुआ आदमी' आपके समक्ष उद्‌धृत करके डॉ. 'निशंक' के व्यक्तित्व की उस निडरता से आपको रू-ब-रू करना चाहता हूँ, जिसने राजनीति की फिसलन भरी राहों पर चलनेवाले शब्द-ब्रह्म के इस समर्पित आराधक को जीवनी शक्ति दी है—

"भीगा हुआ आदमी कभी,
बारिश से नहीं डरता,
कफन सिर पे बाँधने वाला,
कभी मौत से नहीं डरता।
सच की राह में तो
ढेरों बाधाएँ आती हैं,
किंतु अटल निश्चय देख,
वे बुलबुलों सी मिट जाती हैं।"

'सृजन के बीज' कविता-संग्रह में डॉ. 'निशंक' की काव्य-साधना के अनेक रंग सहृदय पाठकों के हृदयों को पुलकित करेंगे और कभी उन्हें प्रेरणा का अमृत मिलेगा, तो कभी अपने राष्ट्र के प्रति गौरव की भावना से मन आह्लादित हो उठेगा।

मैंने जब-जब डॉ. रमेश पोखरियाल 'निशंक' की कविताओं को गहरे उतरकर देखा-परखा है, तब-तब मुझे लगा है कि डॉ. 'निशंक' की प्रबल आस्था 'मनुष्य और उसकी मनुष्यता' में केंद्रित रही है, चूँकि डॉ. 'निशंक' के अनुसार 'मनुष्य की विजय' और उसकी विमुक्ति जीवन-संग्राम की सर्वोत्तम उपलब्धि है, जिसने मनुष्य को सृष्टि का सर्वश्रेष्ठ प्राणी बना दिया है। डॉ. 'निशंक' के इसी उदात्त-चिंतन की परिचायक एक छोटी सी कविता 'पीड़ा का मरहम' मैं इस कविता-संग्रह से यहाँ उद्धृत करना चाहता हूँ, जिसमें कवि डॉ. 'निशंक' का चिरंतन-चिंतन मुखर हो उठा है—

"मुझे दुःख और पीड़ा की,
चीत्कार सुनाई देती है।
अधीर करती है यह मुझे,
मेरा चैन छीन लेती है।

बेचैनी में भी मैं,
चुपचाप खड़ा नहीं हूँ।
किसी अँधेरे कोने में
आँसू लिये पड़ा नहीं हूँ।

इस पीड़ा के मरहम के लिए
मैं जीवन में निकल पड़ा हूँ।
दु:खों से लड़ने के लिए
चट्टान की तरह खड़ा हूँ।''

डॉ. 'निशंक' के इस कविता-संग्रह 'सृजन के बीज' को पूर्णत: सार्थक सिद्ध करनेवाली इस छोटी सी कविता में प्रेरणा का जो अपार अमृत भरा हुआ है, वही आज हमें चाहिए।

निस्संदेह, आज इक्कीसवीं सदी के दूसरे दशक में इस विज्ञान के हिंडोले में बैठकर भौतिकता के खोखले आकाश में भले ही उड़ रहे हैं, लेकिन आधार तो धरती के पास ही है। डॉ. 'निशंक' के इस काव्य-संग्रह की एक कविता है 'मेरी जिद है', जिसमें कवि स्वयं को किसी भी तरह 'असाधारण' बनाने का लक्ष्य लेकर चलने का अजेय, अदम्य संकल्प प्रकट करता है—

''मिल सके जो आसानी से,
चाहत उसकी कहाँ है?
इसको तो पाने के लिए,
खड़ा ये सारा जहाँ है।

मेरी जिद तो
उसको पाने की है जिंदगी में
जो मुकद्दर में लिखा ही नहीं है।
मेरा मकसद तो

उसे ढूँढ़ निकालने का है
जो अनंत में छिपा है,
लेकिन दिखा ही नहीं है ॥''

ऐसी ही मनोहारी, प्रेरक और उदात्त-चिंतन से परिपूर्ण डॉ. 'निशंक' का कविता-संग्रह 'सृजन के बीज' मैं सहृदय पाठकों के हाथों में सौंप रहा हूँ।

जन्माष्टमी-पर्व
2016

—डॉ. योगेंद्र नाथ शर्मा 'अरुण'
डी.लिट्.
74/3, न्यू नेहरू नगर
रूड़की-247667

अनुक्रम

मैं ऐसा होऊँ

जैसे कमल की पँखुड़ियाँ
जल में रहकर भी
अलिप्त जल से रहती हैं
न अपने लिए कभी ये
जलसंग्रह करती हैं, इनसे ही तो
जलधाराएँ बहती हैं,
राजनीति में रहकर भी
बस ऐसा ही होऊँ मैं,
निज तन-मन खपा-खपा
सृजन-बीज बस बोऊँ मैं।

□

दीन-हीन

(एक)

दुनिया का
सबसे दीन-हीन
और निर्बल वही
होता है,
जो स्वयं के अंदर
से कमजोर होता है
और जिसका स्वयं पर
नियंत्रण नहीं होता है।

(दो)

जिसका अपने ऊपर
नियंत्रण नहीं
जिसका अहं के सिवाय
कुछ और नहीं
वह सबसे कमजोर इनसान है।

ऐसे व्यक्ति की
न परिवार सुनता है
औंर न सुनता कहीं
भगवान् है।

□

तुम ही हो

अपने को
कम नहीं आँको
अपनी बातों को
केवल
आसमान पर मत टाँको,
तुम अपना मूल्य
समझो
और करो विश्वास
कि तुम
संसार के सबसे महत्त्वपूर्ण
व्यक्ति हो!
तुम ही
सृष्टि की अद्‌भुत देन
और तुम्हीं
समष्टि हो।

□

आभूषण

अपने लिए
जितने कठोर हो सकते हो
वह कठोरता करो,
लेकिन
दूसरे के लिए
कड़वे वचनों
और कठोरता करने से डरो।

अपने लिए कठोरता
और दूसरों के लिए उदारता
तुम्हारा आभूषण बनेगा,
जो तुम्हारे लिए
हर कदम पर अनोखा
उपहार लाएगा।

जिसके प्रभाव से
दूसरों को खुशी

और सहायता मिलेगी
चाहे–अनचाहे भी
दुखी होंठों पर
मुसकान खिलेगी।

□

कुछ रिश्ते

कुछ रिश्ते ऐसे होते हैं
जो जिंदगी में जीने की
वजह बन जाते हैं,

यही रिश्ते जाने-अनजाने
भावनाओं को सहेजने की
वजह बन आते हैं।

कुछ चेहरे, जो अंतस्थ में
उतरते चले जाते हैं,
यादों के समंदर में
गोते लगाते हैं।

चली जाती है जिंदगी
उम्र लेती है विदा,
पर रिश्तों की यादें
तो अमर रहती है सदा।

कसौटी

जो चट्टानों से न टकराए
वो कब झरना बनता है,
उलझते टकराते इन राहों में
ये झरना हरपल छनता है।
दुस्सह थपेड़ों को सहकर
बाधाएँ पार जो करता है,
वही जीवन के अभिनव पथ पर
लक्ष्य-शिखर को पाता है।
कठिन डगर की आग में तपकर
कर्म हथौड़ों से सधता है,
दिन-रात कसौटी पर हो खरा
वो स्वर्ण समान ही बनता है।

□

अनुभव

मुसीबतों में ही हमेशा
नए रास्ते बनते हैं,
इस दौर में हमारे अपनों में
अच्छे-बुरे छनते हैं।

मुसीबतों की ये राहें भी
नई पहचान देती हैं
हर श्वास-प्रश्वास लिये
अनुभवों की खान होती हैं।

मोल से अनमोल इन मोतियों को
जीवन माला में पिरोते हैं,
पिरोकर इनको जीवन में
फिर नए अनुभव लेते हैं।

इन्हीं अनुभवों से हम कल की
नई इबादत लिखते हैं,
संचित कर सारी जिंदगी
बदलकर रख लेते हैं।

□

आह से उपजा

आह से सजे मंडप की
भव्यता भी मैंने देखी है,
भयानक तूफान से पहले की
खामोशी भी मैंने देखी है।

मेरी आह से उपजे हर शब्द
मेरे गीतों को बयाँ करेंगे,
टकराकर तूफानों से
नव जीवन का निर्माण करेंगे।

संवेदनाएँ होंगी उनमें
भावनाएँ भरी होंगी,
स्वहित छोड़ परहित के लिए
जो हर कदम पर खड़ी होंगी।

□

अपने तो अपने ही हैं

जीवन के सपनों में तो
पूरी दुनिया है
पर
अपने तो होने ही चाहिए,
ये सपने सच हो सकें
अपनी मेहनत के
शिखर-बीज बोने ही चाहिए।

ये सच है कि
अपनों के बिना
सारी दुनिया सूनी है,
जल से थल और अंबर तक
हर एक सफलता
उनको मिलकर ही छूनी है।

कुछ भी हो
कैसे भी हो,

पर
अपनों का कोई तोल नहीं,
अपने तो अपने ही हैं
जिनका दुनिया में मोल नहीं।

□

वक्त

वक्त
सबकुछ सिखा देता है,
यही तो वक्त है
जो अच्छा-बुरा सबकुछ दिखा देता है।

इस वक्त को
अपने हाथ से न जाने दो
ये वक्त ही
नई तसवीर दिखाता है,
सभी बाधाओं को पारकर
नई किस्मत लिखाता है।

□

पानी के बुलबुले-सी है जिंदगी

सब बुलबुले हैं
इन्हें कुछ को जल्दी
तो कुछ को थोड़ी देर बाद
उठकर फिर समा जाना
है पानी में।
कुछ दिखाई दे सकते हैं
और देर तक
लेकिन कितनी देर तक?
इनका सफर भी
लंबा नहीं है,
अंततोगत्वा इन्हें भी
समा ही जाना है अनंत में।

किंतु
अंत नहीं होता इन बुलबुलों का
फिर-फिर
कहीं-न-कहीं

किसी-न-किसी रूप में
तो ये
जिंदा रहते हैं
एक एहसास की तरह में।

□

एक विराट् दुनिया

ओह !
तुम सदा बिछुड़ जानेवाली
वस्तुओं को अपना मान रहे हो,
ये सब तुम्हारा न है
और न रहेगा
यह सब भी जान रहे हो
कुछ सोच कुछ समझ
समय को पहचानकर
और कर पहचान खुद की
स्वयं आत्मदर्शन कर।
तुझमें समाई अपेक्षाएँ
और उन्नत होती इच्छाएँ
समाहित हैं, तुझमें जो
सबकुछ जरूरी है जीने को।

□

तुम सिर्फ कर्म करो

कभी स्वयं से पूछा है ?
कि तुम यहाँ क्यों आए हो ?
किस बात का रोना रोते हो
क्यों चेहरा मुरझाए हो ?

पल-पल का करके उपयोग
मेहनत से काम करो दिन-रात
सोना निष्क्रियता दरशाता
जो लाती आलस अपने साथ
तुम्हें तो सक्रिय बनकर सारे
सोए हुए को जगाना है,
बदल स्वयं तकदीर को अपनी
सबका भाग्य बनाना है।

आरोप लगाकर औरों पर
नहीं तुम हो रोने के लिए,
दिन-दुगुनी उन्नति कर जाओ
कुछ पास नहीं खोने के लिए,
नहीं किसी से राग-द्वेष रख

न ही दुःख से हिम्मत हार,
हँसी-खुशी हर लम्हा जी ले
लेकर सबका प्यार-दुलार।

क्रोधित होकर इस जीवन में
कभी न आपा खोना है,
धैर्य, शील, संयमता का
शांतिपुंज तुम्हें होना है।

किस बात की चिंता है तुमको
किस वहम को मन में भरते हो,
सोचो कि सबकुछ अच्छा होगा
यह क्यों नहीं समझते हो?

□

तुम्हारा सौंदर्य

मन की शांति
जरूरी है जीवन में
नहीं तो यह
बिखर जाता है,
अंतर्द्वंद्व में जीकर आदमी
अंदर से टूट जाता है,
समय रहते
समझ सको तो समझो
कि इस
अशांति का कारण
आसक्ति है
माया से अनुरक्ति है
इसी ने तुम्हें बिखेरा है,
चारों ओर से घेरा है।
अनासक्ति ही तुम्हारा
आकर्षण है
और अनंतता
के प्रति आसक्ति तुम्हारा सौंदर्य है।

□

कितने सारे लोग

मेरे इस जीवन में
बहुतों के एहसान हैं
सहारा बने विषमता में
ऐसे बहुत इनसान हैं,
हर कदम हर मोड़ पर
कोई-न-कोई मिलता गया
जो मुझे और जिन्हें मैं
बस अपनाता चला गया
उनके साथ ने सदैव
मेरा आत्मविश्वास बढ़ाया
जीवन के संघर्ष में
उनको अपने साथ पाया
उन सभी का हमेशा
मेरे अंतस्थ में स्थान है,
मेरे तन-मन में बसा
खट्टी-मीठी यादों का जहान है।

□

इच्छाओं के कारण

मानव मन में इच्छाओं का
कभी नहीं अंत होता है
क्षण-क्षण बढ़ती रहती ये
इनका पथ अनंत होता है
इच्छाएँ तो हर दिन
बहुत और बहुत होती हैं
एक की पूर्ति पर ये
फिर नई इच्छा को बोती हैं।
यही इच्छाएँ होती हैं
जो जीवन में खुशियाँ संजोती हैं,
किंतु अति की सीमा में
दुःख के सागर में भी डुबोती हैं,
संयमित इच्छाएँ जीवन को
सद्भाव से आनंदित करती हैं,
मेहनत की कुंजी से यह
हर आशा पूर्ण करती हैं।

□

अंतःकरण

'अंतःकरण'
बिना चाह की
उपासना से शुद्ध होगा,
इसकी शुद्धता ही
स्वरूप की स्मृति को
जागृत करेगी
जीवन में एक नया संचार भरेगी
इससे जीवन का बोध होगा।
यह एक उत्कृष्ट शोध होगा,
तभी लगेगा कि यहाँ
कोई गैर नहीं है,
हम सब एक हैं
हममें कोई बैर नहीं है।
इसलिए मैं कहता हूँ
विश्व-दर्शन करने से पहले
अंतःकरण महसूस करो,
फिर दुनिया को बाँहों में भरो।

□

ऐसी क्रांति

देखो! अद्‌भुत क्रांति
जिससे
घर का अंधकार
नष्ट हो गया
सब दिशाएँ निर्मल
हो गईं,
प्राणि मात्र के हृदय में
आनंद की
बाढ़ आ गई
ऋतुएँ एक साथ
अपना-अपना गुण
गुनगुनाने लगीं,
जल-थल-नभ क्या
दिग-दिगंत,
जन-जन में
हृदयपटल पर
हर्ष की बहार आ गई।

□

परख

परख तो
आदमी के पास आने से
होती है,
उसके गुण-दोष
निकट जानने से होती है,
बिना पास आए
गुण-दोष जाने
तुम उसे बदनाम
क्यों करते हो?
उसकी अकलुषित
जिंदगी में दूषितता का
जहर क्यों भरते हो?
चंद दिनों की है जिंदगी
यह जानकर भी बताओ
क्यों नहीं डरते हो?
अपना संयम गँवाकर तुम
केवल दूसरों को नीचा
दिखाने के लिए ही
क्यों लड़ते हो?

□

भीगा हुआ आदमी

भीगा हुआ आदमी कभी
बारिश से नहीं डरता,
कफन सिर पर बाँधनेवाला
कभी मौत से नहीं डरता।

सच की राह में तो
ढेरों बाधाएँ आती हैं,
किंतु अटल निश्चय देख
वे बुलबुलों-सी मिट जाती हैं।

अथक बढ़ता जाता वह
बाधाएँ नहीं डराती हैं,
और देखते-देखते ही
उसको मंजिल मिल जाती हैं।

□

बिना बात

वह भूख से लड़ता
कभी पत्थर बीनता है
दो निवाले की खातिर
वो कभी पत्तल छीनता है,
वह आम आदमी को घूरता है
बड़े लोगों को तो वह
देख भी नहीं सकता है,
कोई कब और कैसे देखे उसे
वह तो एक पल भी
जीने के लिए तड़पता है,
उसे तो बिना बात भी
चलता हुआ राहगीर सहित
हर कोई झपटता है।

□

पीड़ा का मरहम

मुझे दुःख और पीड़ा की
चीत्कार सुनाई देती है,
अधीर करती है यह मुझे
मेरा चैन छीन लेती है।

बेचैनी में भी मैं
चुपचाप खड़ा नहीं हूँ,
किसी अँधेरे कोने में
आँसू लिये पड़ा नहीं हूँ।

इस पीड़ा के मरहम के लिए
मैं जीवन में निकल पड़ा हूँ
दुःखों से लड़ने के लिए मैं
चट्टान की तरह अड़ा हूँ।

□

एक दिन पेड़ बनकर

एक बीज जिसे धरती की गोद में समाना है,
आँचल में इसके एक सुंदर-सा फूल उगाना है,
धरती की गोद में उसे
न उजाले, न अँधियारे का पता होता है,
उसने तो प्रण लिया है उगने का
उसे तो बस उगना होता है।
उसके उगने के जज्बे को
काली रात न डरा पाएगी,
आशीष पाकर सूर्य किरणों का
वह कोंपल बन उग आएगी।
आँधी अतिवृष्टि में भी वह
जीवन जीना सीखेगा
इन थपेड़ों को सहकर वह
विशाल वृक्ष बनेगा,
मजबूत जड़ों में खड़ा होकर
वो जीने का संदेश देगा,
खिलाकर सुंदर फूल और
फल बनकर नए बीजों को देगा।

□

दीप का संघर्ष

दीप!
स्वयं जल तुम
अँधेरा मिटाते रहे
विपरीत हवाओं से भी
सदैव लड़ते रहे।
हम मस्त होकर रोशनी में
तुम्हारी राह चलते रहे
और एक तुम थे, जो
हमारे लिए पल-पल जलते रहे।

हम स्वार्थवश अपने जीवन के
साधन जुटाते रहे,
तुम दुःस्सह थपेड़ों को
हमारे लिए सहते रहे।
हम ओंसकण बनकर
रोशनी में तुम्हारी जगमगाते रहे,
और तुम हमें चमकता देख
इठलाके मुसकराते रहे।

तुमने अपने त्याग और
उदारता के बदले
हमसे कुछ भी नहीं लिया है,
जबकि—
अँधेरे ने तुम्हें मिटाने के लिए
जाने क्या-क्या नहीं किया है।

□

चींटी

वह चींटी
लदी पड़ी थी
चल रही थी
कहाँ खड़ी थी।

बूँद पानी की पड़ी तो
स्थिर कुछ समय
हो गई थी,
पर पानी का तेज बहाव
वह न झेल पाई
उसने तेज थपेड़े खाए
अपना जीवन दिखा
जो संकट थोड़ा उसको
वह भाग गई।
गौर से देखा तो दूजी चींटी को
जो मरी हुई थी
उसे वह ले जा रही थी
मेरी आँखें जाग गईं।

पता नहीं कहाँ और क्या सोचकर
इससे क्या संबंध रहा हो,
कितने दिन कितने क्षण
ये रहे होंगे साथ,
एक-दूसरे की मदद को
इनके कब-कब
आगे आए होंगे हाथ।

□

सुख और दुःख

सुख और दुःख तो
जीवन के अभिन्न अंग हैं,
दुःख जहाँ पीड़ा करे
वहीं सुख खुशी के रंग हैं।
किंतु दुःख की वेदना
इनसान में धैर्य भरती है,
वहीं सुख की हर्षिता
इसे कमजोर करती है।
दुःखों की बदरी छँटने पर
सुख का रूप निखरता है,
दुःख की स्याह रात बिताकर
सुख का रंग बिखरता है।
परवाह न कर सुख-दुःख की
जीवन हर श्वास में जीना है,
दुविधाओं के विष को छोड़
तुझे जीवन-अमृत पीना है।

□

सृजन के बीज

प्रकृति गुलाम के मस्तक पर
ईर्ष्या का दाग लगा देती है,
जो ईर्ष्यामुक्त उन्मुक्त है
बस उन्हें ही गोद लेती है।

तुम्हें दाग मुक्त होना है
तो ईर्ष्या को धो डालो
मन की इस बीमारी से बचकर
सृजन-बीज बो डालो।

तब देखो माथे पर होगा
विराट् चित्र सुंदर जीवन का,
स्वयं प्रकृति श्रृंगार करेगी
फिर तुम्हारे तन-मन का।

□

इनसान

इनसान को अंदर और बाहर
मजबूत होना चाहिए,
विपरीत धाराओं में उसे
धैर्य नहीं खोना चाहिए।
सांसारिक बंधनों में से कई
तुम्हें तोड़ना जरूर चाहेंगे
पर तुम्हारी सशक्तता का
बाँध नहीं टूटना चाहिए,
गुण–दोष की तिजोरी को
लूटने का मौका है अभी
लूट सको तो इस तिजोरी से
गुणों को लूट लेना चाहिए।

□

सबको साथ लेकर

ध्येय देव के प्रति हो निष्ठा
यात्रा कर्म-पथ पर साकार,
अटूट विश्वास स्वयं पर हो
संघर्ष करो सहर्ष स्वीकार।

सहज-सुलभ बनकर सबको
अपने साथ ले चलना है
राग-द्वेष की अग्नि में
तुम्हें नहीं कभी जलना है
फिर चाहे पीड़ा हो कितनी
खुद बढ़ सबको बढ़ाना है,
बहुजन हिताय बहुजन सुखाय का
सबको पाठ पढ़ाना है।
हम हर तूफानी वारों का
डटकर सामना कराएँगे,
राष्ट्र-हित में हो समर्पित
स्वाभिमानी बनाएँगे।

□

लोकतंत्र बचाना पड़ेगा

लोकतंत्र में ताकत है
लोकतंत्र में प्राण है
लोकतंत्र किसी व्यवस्था की शान है,
यह मान है स्वाभिमान और सम्मान है।
जो लोग समझना चाहते हैं
वे समझते हैं और सब जानते हैं,
और इसकी रक्षा में स्वयं की रक्षा मानते हैं।
पर कुछ अपवाद भी हैं
जो चढ़ गए हैं लोकतंत्र के कंधों पर,
आड़ में इसकी गलत राह है
फँसे गलत हैं धंधों पर।
यही अपवाद लोकतंत्र को
अपंग बनाना चाहते हैं।
इसके नाम की कीमत पर
अपने को हर पल गिराते हैं।
आ गया अब समय वह
इन पर अंकुश लगाना है,
आम जन की सुरक्षा-हित
यह लोकतंत्र बचाना है।

□

न जाने ऐसा क्यों होता है

तुम आए और आकर चले भी गए
मैं तुम्हें देखता रहा
तुम न जाने क्या-क्या कहते रहे
जाते ही तुम्हारे मैं पुनः प्रतीक्षा में हूँ
तुम्हें तो अभी कुछ देर यहाँ रुकना था,
एक बार आकर सुन लो मुझे
मुझे भी तुमसे बहुत कुछ कहना था।

□

तुम्हीं को करना है

भगवान् ने बनाया है
सब कुछ तुम्हारे लिए,
हर चीज दी है तुम्हें
खुलकर तुम्हारे लिए।

पूरी प्रकृति तुम्हारे सामने है
और तुम उसके पास हो,
सरसर करती सुंदर समीर
जैसे बनी हर श्वास हो।
तुम इन सबका
उपयोग न कर सको तो
फिर किसका दोष है ?
तुम्हें ही तो
करना है सबकुछ
फिर किस पर रोष है ?

□

तैयारी करो

मुझे तुममें सबसे अच्छा
तुम्हारा संघर्ष लगता है,
इसी का बल है यह
जो संग-संग तुम्हारे चलता है।
संघर्ष की बेदी पर तुमने
तोड़ी चट्टान सी बाधाएँ।
बढ़ते रहे अविचलित तुम
भले टोक रही थी सीमाएँ।
तुमने आत्मसात् किया उसको
जो आमजन के जीवन में घटता है,
ठीक ही कहते थे तुम
जो घर नहीं देखा
वही अच्छा लगता है।
तुमने समय से पहले झेला है
परिस्थिति का हर तीर
अब तैयारी युद्ध जीतने की करो,
छोड़ सब दुःखों को पीछे
अब तैयारी आगे बढ़ने की करो।

□

सुखद नशा है

तन के भीतर-भीतर कैसा
मन का गाँव बसा है,
जिसे कर महसूस देख नित
जीने का सुखद नशा है।
इसमें अपनेपन की पीड़ा
ये मन तो दुनिया समाता है,
एक साथ तन-मन को लेकर
दुनिया को जुटाता है।

कभी एक क्षण ठहर-ठहर
तो कभी सागर सा बहता है,
कभी बन तूफान उमड़-घुमड़कर
सुख-दुःख सारे सहता है,
इसमें जग के रिश्ते-नाते
बंधन अटूट बँधता है।

चंचलता की पराकाष्ठा
नित-नव जीवन की धारा है,
इसकी जिद के सम्मुख अपना
कई बार यह तन हारा है।

□

आओ मंथन करें

मंथन करें हम कौन हैं
क्या जिंदगी के राज हैं,
क्या किया हमने अभी तक
हम कर रहे क्या आज हैं?

मत भरो दिल में जहर को
वाणी की कटुता छोड़ दो,
स्वार्थ की जंजीरों को
तुम एक क्षण में तोड़ दो।

सोच लो ये समझ लो
एक पल भी ना अब व्यर्थ हो,
कुछ काम ऐसा कर सको
जीवन में जिसका अर्थ हो।

□

सर्वेक्षण लक्सर

तुम्हारे लिए मैं
क्या करूँ
सोच नहीं पा रहा हूँ,
आँखों में आँसू और दिल में आग है
तुम जलमग्न होते
यों ही मकान की छतों पर
हाथ ऊपर किए हो।
मैं घूम रहा हूँ
देख़ रहा हूँ
आसमान से तुम्हें
मैं फैला रहा हूँ हाथ
कि तुम आओ मेरे साथ,
आओ
तुम उड़कर
आसमान में मेरे
हाथों को पकड़ लो,
बेबस
कैसी विवशता है ये
अपने बसेरों को

छोटे-छोटे जानवरों
के बच्चों को
अपने ही सामने
देख रहे हो डूबते हुए
और
प्रतीक्षा कर रहे हो
किसी मदद की
और मदद भी करने
की किसी सीमा तक
चाह है मेरी।
ऐसा होता कि
मेरी जान चली जाती
पर तुम सैकड़ों लोग
माँ, बहिन, बच्चे, बूढ़े
और मेरे प्यारे
पशु-पक्षी
किसी तरह इस
प्रकृति की विभीषिका
से बच पाते,
काश!
हे भगवान्!
तुम ऐसा ही कर दो
किसी भी हाल में
मेरे अपनों को
बचा दो
मेरे चमन को

उजड़ने से बचा लो,
क्योंकि इनके बिना
मेरा अस्तित्व अधूरा है,
ये संग हैं तो
मेरा जीवन पूरा है।

□

तुम भूल जाते हो

तुम्हारा जन्म यहाँ
सर्वोत्तम के लिए हुआ है
तुम यह क्यों भूल जाते हो?
जो समय है तेरे हाथों में
उसमें पुरुषार्थ क्यों छिपाते हो?
हर श्वास में अपने
मन ग्रंथि को खुलने दो,
भीतर बसे इस प्यार को
भावनाओं में बहने दो।
धरती तुम्हारी ऊँचाई को
आसमाँ की ओर निहार रही है,
सागर की लहरों में उठती तरंगें
तेरा गीत गुनगुना रही हैं।
आत्मसंतोष मिले, जिसमें
तुझे वह कार्य करना है,
क्या परिणति होती है इनकी
इसे स्वयं ही परखना है।

भविष्य में कसक न हो मन में
इस सीमा तक ताकत झोंको,
लक्ष्य-प्राप्ति की राह में
बढ़ते पग को मत रोको।

□

एक रेखा

उदासीनता और धैर्य के बीच
बहुत महीन सी रेखा है,
जीवन का सार है इसमें
मैंने इसके महत्त्व को देखा है।
सोच-समझकर पार करे, जो
उससे अंतः शक्ति मिलती है,
घोर निराशा में जीने की
आशा की किरण जगती है।
इसकी चमक पूरे जहाँ में
अपनी छटा बिखेरती है,
उदासीनता को दूर कर
एक नया जीवन देती है।

□

दुनिया को बदल दिया

केवल और केवल
हम अपने को ही
मनुष्य बनाने का प्रयत्न तो करें,
हम ईश्वर की
संतानें हैं
किसी भी कुतर्क के
मन में आने से
भगवान् से तो डरें।
और यदि
भगवान् को साक्षी मानकर
अपने आप में बदलाव किया,
तो समझो कि
अब तुमने
पूरी दुनिया को बदल दिया।

□

फिर न पाएगा

दीन दया के तुम सागर
तुम ही नटवर हो नागर।

मानव भी है जात एक
उसको पहचानें
है प्राणियों में जन्म दुर्लभ
इसको भी जानें।

बड़े भाग से यह तन पाया,
तभी तो ईश निकट है आया।

हे मनुष्य तू मनुष्य बन
सद्भाव भरो अपने मन में,
उपयोग करो हर एक पल का
सौभाग्य से मिले इस जीवन में।

□

वह कल

उस कल की क्यों चिंता करें
जो कल न अभी तक आया है,
इस क्षण में अच्छा काम करें
जो जीवन में आया है।
क्यों न सँवारें हम इस पल को
जिस पल में हम जीते हैं,
स्वर्ण दिवस यही लाएगा
जिसकी माला सीते हैं।
जो पास तुम्हारे है इस पल
संग जी लो इसके जी भरकर,
यह पल ही इतिहास रचेगा
स्वर्णिम दिवस शीर्षक बनकर,
फिर कल अपने आप ही
सर्वोत्तम हो जाएगा,
और अपने साथ यह
नव युग लेकर आएगा।

□

ये दिल

दिल से याद करते हैं, जिन्हें
दिल ही पुकारता है उन्हें,
दिल में सवाल उठते हैं कई
दिल ही जवाब देता है उन्हें।

दिल से ही होता हर काम
सुबह हो चाहे हो शाम,
रात का तो हर पहर भी
लिखा है दिल के ही नाम।

बहुत भोला-भाला है ये,
पहचान सको पहचान लेना,
यही 'दिल' धरोहर है
यह जान सको तो जान लेना।

□

गिरगिट की तरह

गिरगिट की तरह अब इनसान
अपना रंग बदलने लगा है;
गिरगिट तो सिर्फ
रंग ही बदलती है
ये इनसान तो अपने को भी
छलने लगा है।

इसलिए गिरगिट
की ये पीड़ा कि
मैं इनसान से ज्यादा
रंग नहीं बदल सकता,
मेरे जिंदा रहने का
कोई मकसद बचा नहीं है,
क्योंकि भगवान् ने
अभी तक
मुझे एक अच्छा इनसान
बनाने का विधान
रचा नहीं है।

□

भोला पहाड़

यह सच है कि
मेरा पहाड़ बहुत भोला है,
निडर, अडिग अपने में
यह तो मस्त मौला है।
कठोर जितना है दिखता
सहज-सरल है, उतना,
जन्मी अविरल धाराएँ
खेलता धवल नीर झरना।
गोदी में अपने इसने
असंख्य वृक्षों को पाला
सींचा अपने दूध से इनको
हरी-भरी की वनमाला
घात-प्रघात सहे इसने
बहुत है जख्मों को पाया,
किंतु अपनी संतति के खातिर
तनिक नहीं है घबराया।
छेड़ो न इसके मन को

हर पीड़ा को इसे सहने दो,
परहित जन्म लिया इसने
इसको ऐसे ही रहने दो।

□

आज नहीं तो कल

मुझे मालूम है
तुम सब कर लोगे,
जितने भी राह में
खुदे गड्ढे हैं
सब भर लोगे।

तुम छलाँग मारकर भी
इन गड्ढों को पार कर लोगे,
राह में आते इन कंटकों को
हटा आगे बढ़ लोगे।

किंतु तुम्हें ऐसा नहीं करना है
तुम्हें आनेवाली पीढ़ी का
रास्ता ठीक रखना है,
काँटो को उखाड़कर
अच्छाई से हर गड्ढा भरना है।

ऐसा न करने पर
हर पथिक तुम्हें कोसेगा,
कैसा इतिहास था हमारा
यह भविष्य सोचेगा।

□

हथेली की लकीरें

तुम्हारी हथेली की लकीरों पर
मैंने कुछ लिखा है,
जो तुमको
अब तक नहीं दिखा है।

मैंने तुम्हारी आँखों में
आँखें मिलाकर देखा
मुझे तुम्हारे माथे पर
जो कुछ दिखा है,
मैंने तुम्हारी हथेली की
लकीरों पर वही
कुछ लिखा है।

तुम जब गौर से पढ़ोगे
इन लकीरों को,
तो तुम्हें हजारों सालों की
इबादत नजर आएगी।
स्वतः स्फूर्त लहरों में
समाई तरंगें उठेंगी
जो एक नया गीत गाएँगी।

हजारों सालों से बिछुड़ी हुई
श्वासों
और हजारों सालों से
ओझल हुई आँखें
इसी हथेली की लकीर
में तुम्हें मिलेंगी
जिसे मैंने अपने होंठों
से उकेरा है।

□

लकीरों में

चले तो साथ थे
लेकिन न जाने कैसे क्या हुआ?
तुम्हारा हाथ
किसी पिछले जन्म में शायद
हमारे हाथ से छूटा
तो छूटता ही गया।

हजारों साल से
बिछुड़ी हुई हैं दो आत्माएँ
अब जाकर कहीं मिलें या न मिलें
किस्मत में शायद
साथ होगा तुम्हारा
इसलिए
हथेलियों की लकीरों में
ढूँढ़ते हैं तुम्हें।

□

विचार-तरंग

जहाँ दिल तो अकसर
एक–दूसरे से भर जाया करते हैं,
वहाँ एक समय तक ही
दिल की दुनिया के पुष्प झरते हैं।

ऐसी दुनिया में कभी भी
पतझड़ छाने लगता है,
बिना बात भी बातों का
तूफान आने लगता है।

बिना मौसम का यह तूफान
दूरियों को बढ़ा देता है,
दिल और दिमाग को
सूली पर चढ़ा देता है।

जिसकी परिणति रिश्तों में
हमेशा बुरी होती है,
दोनों छोरों के मिलन की
यह संभावना खोती है।

किंतु निश्छल मन
और सहज विचार
कभी नहीं टूटता है,
कितना ही तूफान आए
पर यह कभी नहीं टूटता है।

यह तो एक
अद्‌भुत तरंग है
जो दिलों को जोड़े रखती है,
जिंदगी देकर दूसरों को
स्वयं भी नहीं मरती है।

यह तो दिव्यता
अनंतता की
एक विचित्र उमंग है,
यही
जीवन जीने की
एक अनोखी जंग है।

□

मायूस न हो

तू कोशिश तो कर
ये बुझी शमाँ
फिर से जल सकती है,
तूफानों से घिरी कश्ती बचाने को
किनारों में हलचल मच सकती है।

मायूस न हो
किस्मत को न रो
किस्मत अपने हाथ है
जो मेहनत से
फिर बदल सकती है।

□

लकीरें

ये लकीरें हाथ में भी
तो माथे पर भी
पाँव में भी पगार में भी
जमीन पर भी
तो कागज के टुकड़े पर भी।
किताबों में भी लकीरें
हैं तो दिवारों पर भी
लकीरें हैं।

बस अंतर इतना है
कहीं पे लकीरें किस्मत
लिखती हैं,
तो कहीं इतिहास,
और कहीं सीमाएँ बाँधती हैं
तो कहीं सरहदें।

कहीं खाल को चीरकर
खून बहाती हैं,
तो कहीं रिश्तों में दीवार
बन जाती हैं।

□

बेजुबान

बेजुबान
भावों से भरा होता है
संवेदनशील
वह जिंदगी नहीं खोता है।
मालूम है
यह जिंदगी बहुत छोटी है
मौत को रौंदकर
वह जीता है
जिंदगी नहीं ढोता है।
जन्म तो एक बार ही होता है
इसलिए वह
जीने के लिए नहीं रोता है।
जिंदगी का एक पल भी
वह नहीं खोता है।
हर कदम पर संघर्षों से
सफलता के बीज बोता है।
वह रात-दिन एक कर

न सोने देता, न सोता है,
बेजुबान ही सही
पर मेरे दोस्त!
ये भावों से भरा होता है।

□

वे सदा सफल

सोच-समझकर जो पहले
अपना संकल्प दोहराते हैं,
दृढ निश्चय के साथ वही
अपने कामों को करते हैं।

जो समय न व्यर्थ गँवाते हैं
जो नहीं बीच में रुकते हैं।
जो मन में एक जुनून लिये
जो झूम-झूम कर गाते हैं,
अपना तन-मन न्योछावर कर
वे सदा सफलता पाते हैं।

□

फलदार पेड़ झुकता है

फलदार पेड़
फल देने से पहले फूल देता है
भ्रमर भी
घूम-घूमकर उसकी महक लेता है।
फूलों के फल बनते ही
आशाएँ बढ़ने लगती हैं,
मेहनत की इस पूँजी से
उम्मीदें जगने लगती हैं।
विनम्रता तो देखो इसकी
फल देते ही यह झुक गया,
जिस धरती पर खड़ा हुआ है
आज उसी से जुड़ गया।
इसलिए कहा है—
गुणवान व्यक्ति, फलदार पेड़
सदैव जमीन से जुड़ता है,
मूर्ख व्यक्ति ठूँठ सा खड़ा
बिन फल-फूल के
बेमतलब अड़ा रहता है।

□

पूँजी

जिंदगी भर वो
पति, पत्नी, पुत्र, पुत्री
पद प्रतिष्ठा
और पैसे के पीछे भागते रहे
ईश्वर ने जीवन दिया
हाथ, पैर, मन-मस्तिष्क
सबकुछ दिया,
पर पूरी जिंदगी भर
भिखारियों की तरह
भगवान् से, व्यवस्थाओं से,
लोगों से
बस कुछ-न-कुछ माँगते रहे
और माँगते-माँगते
जिंदगी के अंतिम पड़ाव में पहुँच गए।
और अब जब समय नहीं
तो कहते हो
आज तक माँगता रहा
आज जिंदगी के अंत में

कुछ भी नहीं मेरे पास,
बचा है तो वही
जो मैंने दूसरों को दिया
सिर्फ वही बचा है।

□

खामोशी

शेर खामोश रहता है
उसे पता है
दहाड़कर कभी शिकार
नहीं किया जा सकता,
मुँह ऊँचा रखकर कभी
नदी का पानी नहीं पिया जा सकता।

गरजते हैं बादल
तो उन्हें गरजने दो
हमें पता है कि
केवल गरजते बादल
बरसात नहीं दिया करते,
जो बरसते हैं बादल
वो कभी हंगामा
नहीं किया करते।

□

कब तक

तुम्हें कब तक यों मौन रहकर
मन की बातों को छुपाना है,
ताने-बानों के बीच उलझकर
अनबूझ पहेली बनना है।
मन की अकलुषता को
कब तक आँचल में छिपाना पड़ेगा,
मर्यादा के नाम पर कब तक
चुप रहने का अभिशाप सहना पड़ेगा।
बड़ी रफ्तार से यह
वक्त गुजर रहा है,
तुम्हारा मौन तो हर पल
तुम्हारी जिंदगी को छल रहा है।
यहाँ तो हर पल
दुनिया बदल रही है
सुबह और शाम की
तरंगें ढल रही हैं,
गति रोककर न जाने कब

जिंदगी का होगा ठहरना
अब सिले होंठ खोलो
बताओ तुम्हें मुझसे क्या है कहना ?

□

ऐ जिंदगी

ऐ जिंदगी!
मैं तुझे ढोना नहीं, जीना चाहता हूँ
जब तक रहूँ तेरे लिए जीऊँ
तेरा ही होना चाहता हूँ,
किसी भी कीमत पर
तेरी खूबसूरती नहीं खोना चाहता हूँ।

□

जब तक

अपनी इस जिंदगी में
उदास तू क्यों है ?
उत्साह है न, उमंग ही
बना लाश तू क्यों है ?

जब तक न खुद को बदले
परेशान ही रहेगा,
दूसरों को दोष देकर
कष्ट ही सहेगा,
बेकार है ये जिंदगी
केवल यही कहेगा।

□

हौसला

काम करनेवालों को हार का
कभी कोई गम नहीं होता,
वो जुट जाते हैं अगले ही पल
उनका कभी हौसला नहीं खोता।
रोता तो वह है जिंदगी में
जिसने कभी संघर्ष न किया हो,
मेहनत करनेवाला तो
एक दिन मंजिल पा ही जाता है
विपरीत परिस्थितियों में भी वह
मुसकराकर बढ़ता जाता है।

□

ऐसा क्यों हुआ?

तुम तो आए थे
मेरा धैर्य बँधाने मेरे दुःख बाँटने,
दर्द की खाई पाटने
और दुःखों के बादल छाँटने।
फिर ऐसा क्यों हुआ
जब मैं खुश रहने लगा,
मेरा धैर्य भी बँधाने लगा
तो तुम्हें यह सब अखरने लगा,
मैं टूटा हुआ था तन–मन से
अब जाके खड़ा होने लगा,
डबडबाती आँखों के मोती को
बिखरने से बचाने लगा।
तो तुम देख न सके मुझे
इस तरह खिलखिलाकर हँसते हुए,
ऐसा कौन सा कारण था
जो मुँह फेरकर तुम सीधे चल दिए।

□

बाँसुरी

सीने में गहरे जख्मों को लेकर
मैं अपना जीवन जीती हूँ,
हर एक जख्म छेड़ोगे तुम
तो भी मीठी तान देती हूँ।
जख्म होने पर भी मैंने
अपना स्वर नहीं बिगाड़ा है,
तुम्हारी खुशी के लिए मैंने
स्वयं को और निखारा है।
गहरे घावों को सहकर भी
मेरे स्वर में दर्द की आह नहीं,
मेरा सर्वस्व तुम्हें है समर्पित
मेरी खुद कोई चाह नहीं।

□

अपनी जमीन

इस बड़ी सी दुनिया में
तुम्हारा भी एक स्थान है,
उतना ही आसमान
और तुम्हारे भी अरमान हैं।

इतनी सी जमीं पर से
तुम आसमाँ छू सकते हो,
समय आने पर तुम
जमीं-आसमाँ एक कर सकते हो।

दूसरों की विरासत देख
अपने डग न डगमगाना,
पाँव जमीन पर ही रखकर
तुमने आसमाँ को है जगमगाना।

तुम्हें तो कड़ी बनना है
जमीन और आसमान की,
भौतिकवादी सुख नहीं बल्कि
तुम्हारी कमाई तो सम्मान की।

क्योंकि जिंदगी के बाद तो
शरीर पर एक-सा ही कफन होना है,
दौलत चाहे करोड़ों की हो
पर दो गज में ही दफन होना है।

□

ये झूठ

झूठ की उम्र कभी
ज्यादा नहीं होती
पर कम समय में
यह दुनिया घूम लेता है,
यह कितने परिवारों,
मनों और विचारों
का कत्ल कर देता है।
सच कभी हारता नहीं
इसे आने में
वक्त लगता है,
लेकिन झूठ की
सभी खाइयों को
एक साथ पाटकर
भरता है।

□

बाँसुरी की सीख

सीने में
तमाम जख्म
पाने के बाद भी
जिसके जीवन में
कोई गाँठ नहीं है,
और
उसके हर घाव
को छूने से
जो स्वर निकलता है
वह चीख-चिल्लाहट का नहीं
बल्कि मधुर होता है
बाँसुरी तो होंठों और हाथ की
उँगलियों की शोभा है।
नहीं फुरसत तुम्हें जिंदगी
मैं कुछ सीखने की
लेकिन जीना है तो
बाँसुरी से
कुछ तो सीखना ही पड़ेगा।

□

मेरी जिद है

मिल सके, जो आसानी से
चाहत उसकी कहाँ है,
इसको तो पाने के लिए
खड़ा ये सारा जहाँ है।

मेरी जिद्द तो
उसको पाने की है जिंदगी में
जो मुकद्दर में लिखा ही नहीं है,
मेरा मकसद तो
उसे ढूँढ़ निकालने का है
जो अनंत में छिपा है
लेकिन दिखा ही नहीं है।

□

सब कर डालो

जीवन का आरंभ है ऐसा
जीवन का है अंत जैसा
आरंभ जीवन का रोने से
और अंत भी रोने से।
बस अंतर इतना है इसमें
जन्म समय आँसू अपने थे
अंत में औरों को रुला दिया,
मृत्यु अटल सत्य जीवन का
जिसने इसे सुला दिया।
आने-जाने के बीच समय को
हँसी-खुशी मिलकर जी लो
जो वक्त मिला किस्मत में तुमको
जो चाहे वह सब कर डालो।

□

एहसास

कुछ पास होकर भी साथ नहीं
कुछ दूर रहकर भी अपने होते हैं,
बड़ी अजीब है ये कहानी
बड़े अनोखे ये रिश्ते होते हैं,
कोई लगता है हमेशा
हमको अपने आस-पास,
अकलुषित ह्दय में सदा ही
होता है उसका एहसास
जिनको सिर्फ याद करने से
यह और मजबूत होता है।
हम साया बनके ये
नए एहसास को जन्म देता है।
जीवन में क्षण-प्रतिक्षण
यह साथ रहता है,
हाथ थामा है जीवन के लिए
यही तो एहसास कहता है।

□

मेरे लिए

हर रात सितारों से
बतियाता हूँ
उन्हें गले से भी लगाता
हूँ।
उन्हीं के साथ
उन्हीं के स्वरों में
गाता हूँ।
जब–जब मेरा यह मन
इनको निकट पाना चाहता है,
मेरे लिए तो यह चाँद
अँधेरे को चीरकर भी
निकल आता है।

□

मुट्ठी में बँधे हैं, जो प्रश्न

मुट्ठी में मैंने सारे
सवालों को बाँध लिया है।
तमाम थपेड़ों ने
देह को वज्र–सा
बना दिया है,
नैनों तक आए आँसुओं को
अंदर ही समा लिया है।
मेरे दर्द की हर
कशिश ने मेरे भावों को जन्म दिया है।

□

अहिंसा

हिंसा से दूर
क्रोध को नष्ट करना
सकारात्मक आस है,
यहाँ अहिंसा
प्राणिमात्र के प्रति
प्रेम और सम्मान का अभ्यास है।

हिंसा प्राणी को नष्ट कर
नफरत के बीज बोती है,
और अहिंसा तो अहिंसा है
यह कायरता से नहीं
वीरता से पैदा होती है।

□

संसार-यात्रा

हर चीज का अपना महत्त्व है
चाहे हो आकार या हो निराकार
अपने अनुसार संघर्ष भी होता है,
फिर चाहे जीत हो या हार
इस कड़े संघर्ष में
गिरना-उठना
उठकर चलना
राह में चलते रहते हैं,
संघर्ष की इसी यात्रा को
जीवन संसार कहते हैं।
कुदरत द्वारा सृजित
नदी, पहाड़ और झरने बहते हैं,
जीव-जंतु, पशु-पक्षी सहित
सभी अच्छे-बुरे लोग रहते हैं।

□

कोई ऐसा साथ

मैं सोचता हूँ, समझता हूँ
जो कुछ हमारे पास है,
कुछ पाकर भी पास नहीं
कुछ की अभी भी आस है
जिसको बनाया खास है।
वह सदा रह सकता नहीं,
कब बिछुड़कर दे वो धोखा
कोई कह सकता नहीं।
कोई ताउम्र बस मेरा
क्यों हो सकता नहीं?

□

मेरी शिकायत उससे

कभी-कभी मैं सोचता हूँ
जिसने यह जीवन दिया,
साधना की राह पर
खिलता हुआ मधुवन दिया।
सृष्टि का कण-कण उसी का
जीवन दिया उपहार है,
उसकी धारा, नदियाँ ये अंबर
उसका ही संसार है।
प्राणियों में प्रेम का
अपनत्व का रस भर दिया,
ज्ञान पुंज शाश्वतता का
स्वविवेक अमृत दिया।
किंतु यही शिकायत तुझसे
जो कुछ भी तुम देते हो,
मन में जब वह रच-बस जाता
बेदर्दी से छीन लेते हो।

□

अभाव

अभावों की चिंता न कर
ये तो दूर हो ही जाते हैं,
बुद्धि-विवेक के होने पर
ये स्वयं ही मिट जाते हैं।
यदि अभाव आभास हो रहा
तो यह बुद्धि का अभाव है,
बिना कर्म किए किस्मत को
दोष देना मानव स्वभाव है,
दुनिया भर के संसाधन हैं
तुम कुछ काम करो तो सही
आसमाँ छूने की मन में
उमंग को भरो तो सही
फिर सारे साधन स्वयं ही
तुम्हारे पास चले आएँगे,
औ़र चुभते हुए अभाव
स्वयं दूर हो जाएँगे।

□

अनुशासन

कृत्रिम अनुशासन सूखे पेड़ की
टहनी के समान होता है,
जिसमें न जान, न मान
और न जिसका सम्मान होता है,
न लोच है, न सोच है
न जीने की इच्छा रखता है
शुष्क और निष्प्राण यह
टूटकर सिर्फ सड़ता है,
चैतन्यमय जीवन के स्व से
उपजा ही अनुशासन होता है,
चिरंजीवी रहकर यह
मर्यादाओं को सहेजता है,
अनुशासित जीवन सदैव
संतुष्ट नजर आता है,
सीमित संसाधनों में भी
यह पूर्ण जीवन कहलाता है।

□

रसयुक्त बनो

लचीलेपन की भी अपनी ताकत है
यह केवल मत नहीं यह शाश्वत है
जब तक किसी शाखा में
जीने का रस भरा है,
तभी तक उसकी दुनिया का
हर कोना हरा है।
अमृतरस से भरा वह
बोझ को भी हँस के सहता है,
उसकी ताकत यही है कि
उसे काटने की कभी कोई नहीं सोचता है।

□

बूँद मचाएगी हाहाकार

मिट्टी, पानी और हवा
इन तीनों की वृक्ष दवा।
वृक्ष कटे तो खेत कटेंगे
हरे-भरे खलिहान बँटेंगे।

पानी के सूखेंगे स्रोत
कहीं नहीं बचेंगे जोत
जब बूँद-बूँद को तरसेगा
पर आसमान नहीं बरसेगा।

एक बूँद मचाएगी हाहाकार
हर तरफ रहेगी मारा-मार।
यही हाल हवा का होगा
जब एक श्वास को जन रोएगा।
तब होगा प्राण हथेली पर
कोहराम मचेगा तब घर-घर।

इसीलिए मैं कहता हूँ
चिंता में हरदम रहता हूँ।

उठो समय है बचा अभी भी
तुम वृक्ष को मत मरने दो,
स्वयं कटो मरो–मिटो पर
तुम वृक्षों को मत कटने दो।
यही तुम्हारा जीवन है तो
यही तुम्हारा है सबकुछ।

□

जड़

जड़ जमीन में रहकर
दूसरों को चेतना देती है,
एक विशाल
नींव को मजबूत करती है।

जड़ में कभी भी
अहंकार नहीं रहा
जमीन की गहराइयों में
हर दुःख-दर्द सहा।

खिलते फल-फूल को
देखकर खुश होती रही
जिनके लिए वह ताउम्र
अँधियारा और घुटन सहती रही।

कितना उदार हृदय है तुम्हारा
कभी उफ् तक नहीं किया,
बोझ से उपजे दर्द को
कभी जाहिर नहीं होने दिया।

ताकत मिले इस वृक्ष को
तुम स्वयं को मजबूत करती हो
उसके व्यक्तित्व के खातिर
तुम जमीन से लड़ती हो।

□

मन

सभी प्राणियों में
यही श्रेष्ठ जीवन
जीवन की दिशाएँ
तय करता ये मन।

ये भोला-सा प्यारा
सुंदर-सा मन है
बहुत ही सरल ये
बड़ा बालमन है।

विचारों की दुनिया
अनोखी-निराली
कली-सी है कोमल
ये फूलों की डाली।

हँसी की ठिठोली
है दुःख की निशा भी,
भटकाव में मुझको
देती दिशा भी।

यही मेरे जीवन की
अनमोल थाती,
यही मेरा दीपक
यही मेरी बाती।

नश्वर है काया
ये कब साथ छोड़े,
न जाने अधर में
ये कब नाता तोड़े।

मेरे बाद जिंदा
ये मन ही रहेगा,
यही फिर से मेरा
परिचय गढ़ेगा।

□

मन और वक्त मेरी पूँजी है

मैंने मन और वक्त
दोनों को ही सँभाला है
मन और वक्त ही
तो मेरी धरोहर है
जिन्हें मैंने विपरीत परिस्थितियों में
जिंदा रखा है।
मन और वक्त
मेरी पूँजी है
जिसे मुझसे कभी कोई
छीन नहीं सकता है।
मन! ओह! मेरे मन
यह पूरी दुनिया को
अपने अंदर रखता है।

□

खट्टे-मीठे अनुभव

जीवन जीने के लिए
आगे बढ़ना तो जरूरी है।
पीछे की बातों
की लकीरें खींचकर
कोई फायदा नहीं है।
छोटी समस्याओं में
उलझकर न रहो
क्योंकि
तुम्हारे पास वक्त ही कहाँ है,
हाँ कुछ उससे जरूर ले लो,
तुम्हारे पास जो जीवन के
खट्टे-मीठे अनुभवों का
पूरा जहाँ है।

कठोर बना दिया

कलम पकड़ना
और स्कूल जाना
उन्हें भी अच्छा लगता है,
जिन कोमल हाथों में
कुदाल और बेलचा होता है।
खेलना, कूदना
नाचना–गाना
कहाँ किस्मत में है उसके
पत्थरों और हथौड़ी
भूख और प्यास की
चिल्लाहट ही है पास जिनके,
मजबूरी ने
कोमल हाथों को
समय से बहुत पहले
पत्थर बना दिया है,
दिल था कोमल
पर भूख की तड़प
और परेशानियों के तूफानों ने
उन्हें कठोर बना दिया है।

□

काश! तुम सुन सकते

यदि तुम सुन रहे हो तो
मेरे मन को सुनो
अभी तक तुमने
क्यों मेरे मन को नहीं सुना,
कोई जरूरी नहीं कि
शब्द
सुनकर तुम उसे सुन ही लोगे
और सुन भी लोगे
तो उसे ग्रहण कर
ही लोगे,
काश!
तुम मन को
सुन सकते
सुनकर कुछ तो रुकते
और रुककर
तुम उस संसार में विचरण करते।

मेरी हर संवेदना
मेरी हर आवाज को
मन में गहराई तक भरते।

तो कितना अच्छा होता
जाते हुए समय को
हम बचा पाते
और एक क्षण
भी कहीं नहीं खोता,
हमारा एक-एक शब्द
एक-एक वाक्य
एक नई फसल को बोता।

□

मन और वक्त है मेरे पास

मेरे पास है
मन
और वक्त है
जिसे रखा है मैंने सँभालकर
मन को मारने की कोशिश
बहुत की लोगों ने
फिर भी मैंने उसे बचाया है,
वक्त कहीं खो न जाए
मैंने हर कदम सँभलकर उठाया है।
वक्त ने ही मुझे विकराल रूप भी दिखाया है,
व्यथित मन का साथ देने
आँखों ने अश्रु बहाया है।
यह वक्त गवाह है
बचपन से जर्जर तन को सँभाला है,
विपरीत प्रकृति में भी मैंने
तन और मन दोनों को पाला है।

□

गलतियाँ

गलतियों पर
विलाप क्यों करते हो
बिल्कुल भी
गलतियों पर विलाप न करो,
तुम उनसे कुछ
सीखो, सबक सीखो उससे
मनन करो,
और यह
परख है तुम्हारी,
पहचान तुम्हारी
गलतियों से नहीं
तुम्हारे गुणों से होगी।
बस गुणों को
बनाए रखो, गुणों को बचाए रखो।

□

मुकाबला

अँधेरे की चुनौती
का सामना
अँधेरे से तो नहीं हुआ करता
नफरत की आग
का सामना
नफरत से तो नहीं किया जा सकता।
जैसे अँधेरे को
मिटाने के लिए तुम प्रकाश लेते हो
वैसे ही नफरत
का मुकाबला
प्यार से ही हो सकता है।

□

सब ठीक चाहिए

सिर्फ तुम्हारे ठीक होने से
सब ठीक नहीं हो जाएगा
एक अकेला चना कभी
भाड़ नहीं फोड़ पाएगा,
सबकुछ अच्छा होने को
हो तो सकता है, लेकिन
सभी लोग मन से हों अच्छे
तभी यह सोच होगी मुमकिन
राह तुम्हारी सपाट सरल है
और सोच है नेक बड़ी,
किंतु सामने आड़ी-तिरछी
बाधाएँ हैं अनेक खड़ी।
कोई तो है अनजाने में
कोई जान-बूझकर भिड़ा हुआ,
दुनिया के इन जयचंदों से
इसीलिए हूँ चिढ़ा हुआ।
तुम जैसे ही बढ़ोगे पथ पर

ये टाँग तुम्हारी खींचेगे
हरी-भरी डाली को ये सब
छाछ-नमक से सींचेंगे।

□

ये दर्द भी

ये दर्द भी कुछ
अजीब होता है
इस कदर कि
न जीने देता है
न मरने देता है,
न हँसने देता
न रोने देता है,
न कुछ खोने देता है
न कुछ होने देता है।
कुछ होना
और कुछ खोना
दोनों का अपना अलग
अस्तित्व है
होना भी अलग सपना है,
तो कुछ खोना अपना है।

□

दर्द का दरिया

तेरी दोस्ती का ही तो दामन
पकड़ने को ये मन
सदियों से ही
छटपटाता रहा है,
दिन, माह गुजरे
बीते बरस भी...
तुम्हें क्या पता
दर्द के इस दरिया में आँसू भी
कितना बहा है।
पत्थर होते इनसानों से
बहुत धोखे खाए हैं,
तेरी दोस्ती की कद्र है हमें
इसलिए हाथ फैलाए हैं।

□

परेशानी

परेशानी तो
कभी जीने नहीं देती है
ये वो कँटीली खेती है
जो हर कदम चुभकर
तुम्हें सताना चाहती है,
कठिनाइयों को खड़ाकर
तुम्हें हर क्षण दबोचना चाहती है।

इसके अत्याचार से
जब चीख-चीख तुम रोते हो
बौखला-बौखलाकर
जब तुम अपना धैर्य खोते हो,
अहंकारवश इठलाके
हँस-हँसकर ये कहती है
कि
शांति मिली मेरे मन को
तृप्त हुई आत्मा मेरी।
हुई कामयाब मकसद में अपने
ये जो हालत हुई तेरी।

इसके अहं को तोड़ने
इसके अहम को कुचलने
खुद खड़ा होने का संकल्प ले,
यत्र-तत्र पड़े
अपने शस्त्र ले,
दृढता की ढाल पर
कर्तव्य की तलवार से,
छलनी करो उसके हृदय को
मेहनत लगन के वार से।
निश्चित तुम बढ़ ही चलोगे
राह जीवन की सुहानी,
कोने में तिल-तिल मरती रहेगी
तुम से हारी वो 'परेशानी।'

□

प्यार का आकार

मन में सोची बात
जब आँखों में आती है,
तो वह कल्पना को
साकार पाती है।
सोचना यदि साकार हो
कल्पना की बाँहों में
अपने प्यार को पाती है।

□

निंदिया

रात के अँधियारे में
चुपके से कोई आएगी
पास बैठकर वो तुमको
धीरे से सहलाएगी
अगर पूछ सको तो पूछ ही लेना
कौन, कहाँ से आई तुम
न तुम हो जानी-पहचानी
सच बताओ
कौन हो तुम ?

फिर वह हँसकर अपना परिचय बताएगी,
सुनो गौर से उसकी बातें
जाने अब क्या कह जाएगी।
इस समय कल रात किसी से
मीठी बातें करते-करते
गुलाब के फूलों से जब
तुम कह रहे थे अपनी बात,
मीठा-मीठा प्यारा-प्यारा
चाह रहे थे किसी का साथ।

सुनकर ये सब
ठहर गई मैं...
सोच रही थी क्या करूँ,
कैसे तुमको उस तक
या फिर उसको तुम तक
पहुँचाऊँ।
गई संदेश लेकर मैं तो
बिना कहे ही उसके पास,
आई हूँ वापस लेकर मैं
उसका एक प्यारा एहसास।
वादा किया है मैंने उससे
नहीं करूँगी तुम्हें उदास,
निंदिया रानी कहना मुझको
अब यहीं रहूँगी तुम्हारे पास।

□

सेतु का काम कर

संघर्ष की
यह तो कुछ पंक्तियाँ भर हैं
तुम कुछ आगे बढ़कर
देखो तो सही
किताब तो अभी पूरी बाकी है।
क्या देखना, क्या सोचना
कब बोलना, किसे छोड़ना
क्या जोड़ना, क्या मोड़ना
क्या तोड़ना, कितना दौड़ना
यह कठिनाइयों के सागर की
अहर्निश तैराकी है।

इन राहों पर न सिर्फ चलना
बल्कि तुम्हें सेतु बनाना है,
तेरे बाद इस सेतु पर तो
लाखों ने अपना पग बढ़ाना है।

□

मैं हूँ तुम्हारा मन

क्या तुम नहीं जानते
कि
मैं कौन हूँ,
मन में उमड़े
तूफानों के बीच भी
मैं सदियों से मौन हूँ।

मैं आक्रांत
लेकिन रहा हमेशा शांत,
और
तुमने तो मेरी शांति को देखा है,
तुमने देखा
तुम्हारे हाथ की
रेखाओं में मेरी रेखा है।

ओह !
तुम पूछते हो
कि तुम कौन हो ?
कौन समझाए तुम्हें

कि
सदियों से जो भटक रहा था,
जिसको
अंदर से कभी तुमने कुछ कहा था।

जिसकी प्रतीक्षा में
तुमने आँखें गढ़ी थीं
जिसको याद कर-कर
तुम्हारी बेचैनी बढ़ी थी।

जिसकी सदियों से
तुम्हें चाहत है,
जिसे न पाने से
इधर-उधर मन आहत है।

जो साथ रहे प्रतिपल तुम्हारे
मैं, वही तुम्हारा प्रिय मन हूँ,
महसूस करो मुझको
मैं ही तुम्हारा प्रिय मन हूं।

□

मुकाम

हमेशा छोटी-छोटी
गलतियों से बचना
अच्छा होता है,
छोटी-छोटी गलतियों
से ही इनसान
ऊँचाइयों को खोता है,
इनसान को देखो तो
वह पहाड़ से नहीं
पत्थरों से ठोकर खाता है।
जो ठोकर खाकर
सँभल जाए
वही अपना मुकाम पाता है।

□

घमंडी व्यक्ति

घमंडी तो घमंडी है
वह अपने अहं के सामने
भगवान् को भी
बौना समझता है,
दिन-रात वह दुनिया की
निंदा कर सिर्फ स्वयं को
भजता है।
वह दुनिया में केवल
अकेला होता है,
इस घमंड के कारण
वह एक दिन सबकुछ ही
खोता है।

□□□